精神科医Tomyが教える

30代を悩まず生きる言葉

精神科医
Tomy

ダイヤモンド社

はじめに

アテクシ、精神科医Tomyと申します。日々診療で患者さんと向き合うかたわら、「ラクに生きるための言葉」をX（旧・Twitter）やインスタグラム、YouTube、そして書籍などで発信し続けています。

さて、本書のテーマは「30代を悩まず生きる」ということ。アテクシは今年で45歳になりますが、30代をふり返ってみると、波に漂う小さな舟のようにさまざまな悩みに揺さぶられ、辛うじて生きながらえたというぐらいの苦しい時期でした。

大切な人が相次いでこの世を去り、仕事でもまだ慣れない病院経営で、大きなアクシデントの連続にほんろうされたのです。

大ピンチを迎えたアテクシは全力でアクセルを踏みこんで頑張ったのですが、それが裏目に出て、精神科医でありながら、精神の状態が不安定になりました。そんな状態で必死にもがき苦しみながら生み出した考え方が、今のアテクシの原点になってもいるのです。

30代というのは、若者扱いされた20代までからの転換点ともいえます。仕事でもプライベートでもさまざまな変化があり、板挟みになりやすい時期でもあります。だからこそ、きっとアナタの支えになってくれる言葉の数々をお届けします。

本書の言葉は、「もし自分が30代のとき、教えてもらっていたら」と思うものばかり。壁にぶつかったら、そっと1ページめくってみてください。心がスッとして一歩前に進めるようになるはずです。

Contents

Chapter 1 焦らない、焦らない

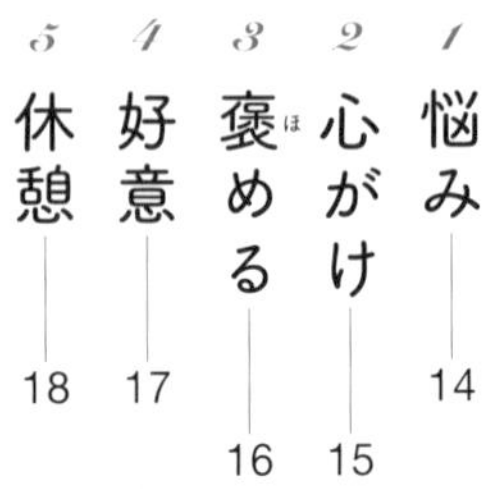

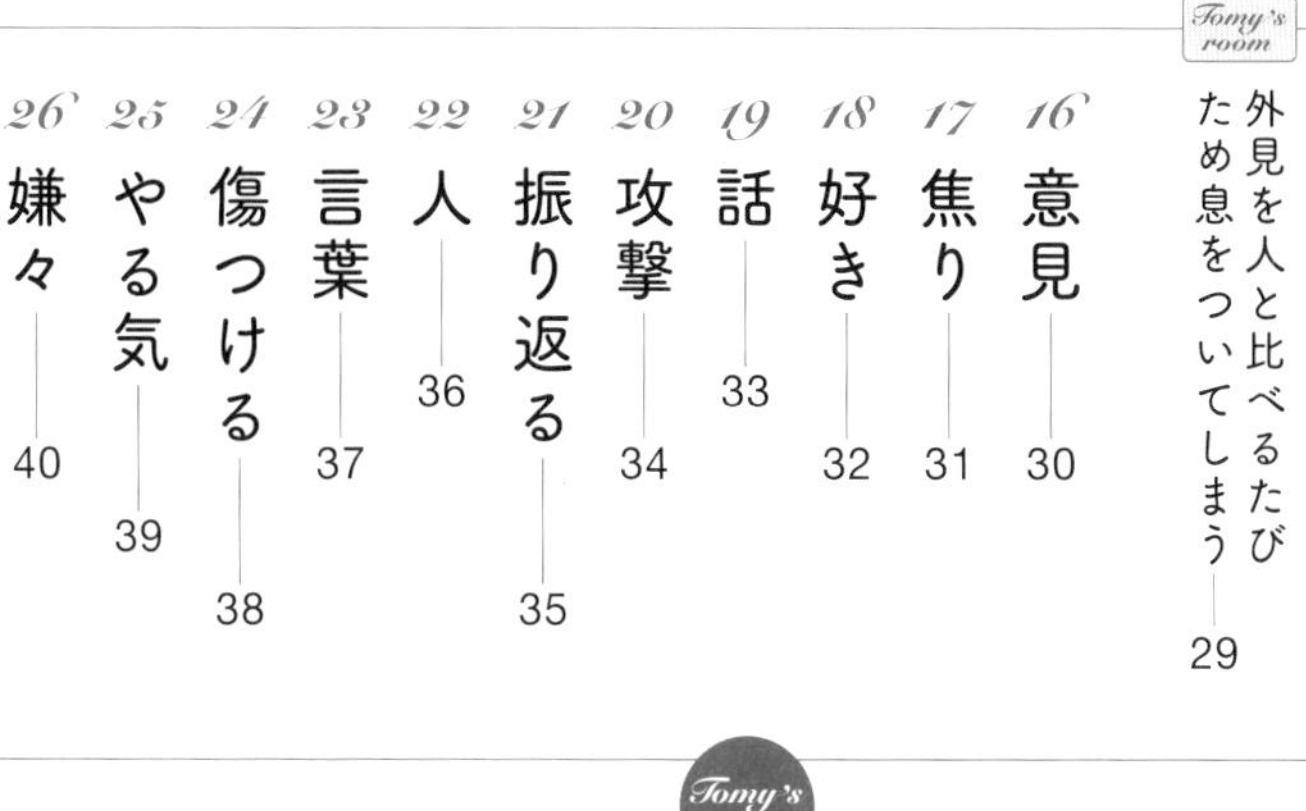

Contents

自分をわざわざ肯定しなくていい

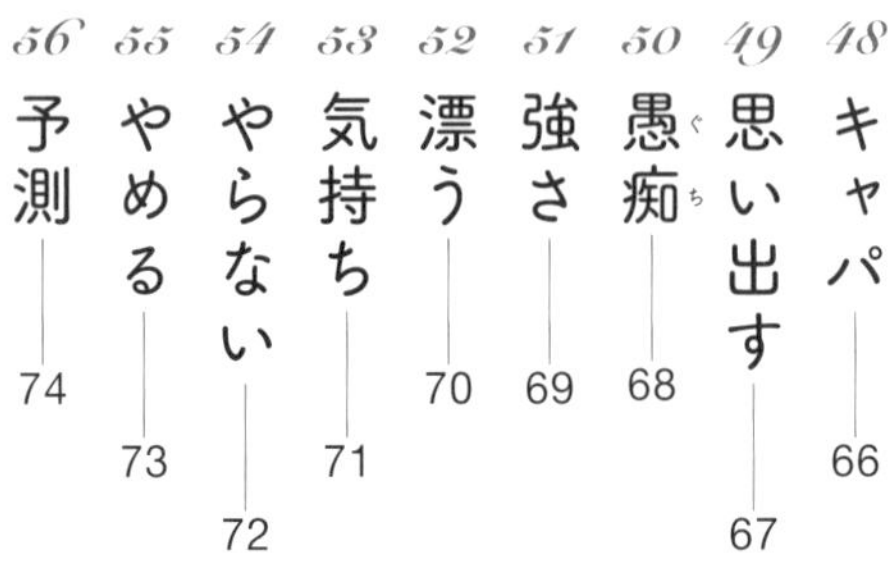

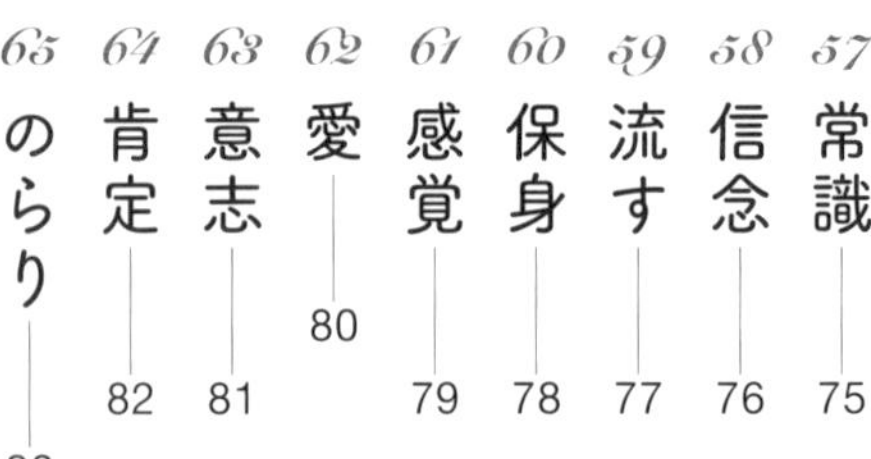

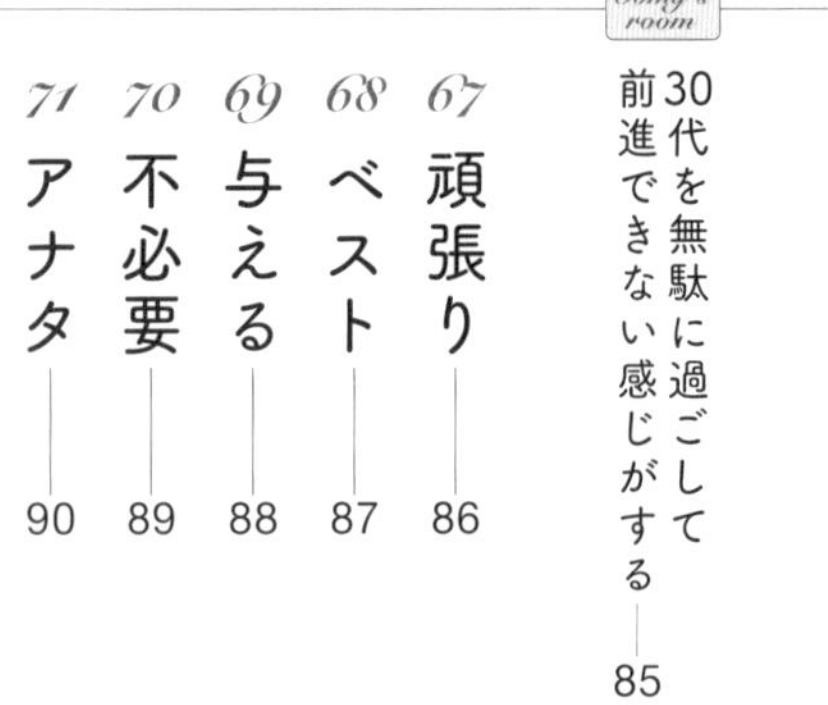

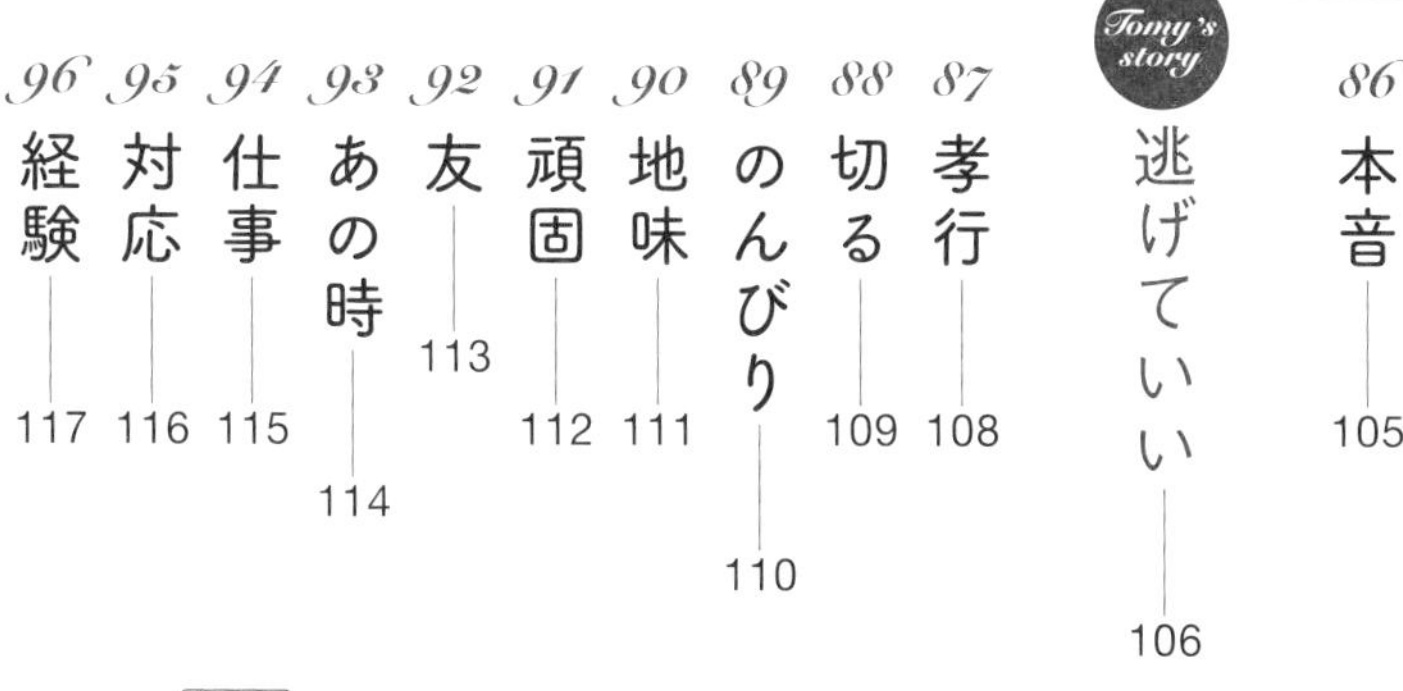

Contents

大丈夫、無駄な経験なんてない

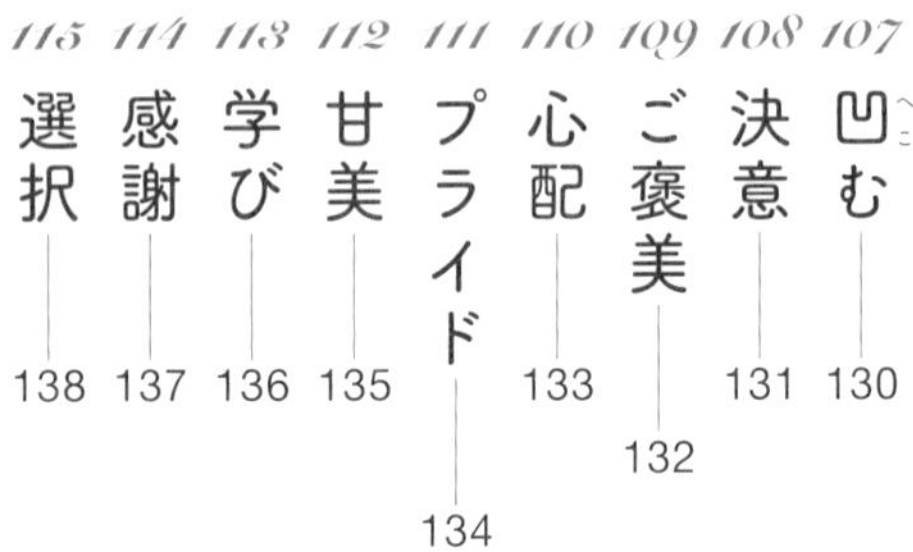

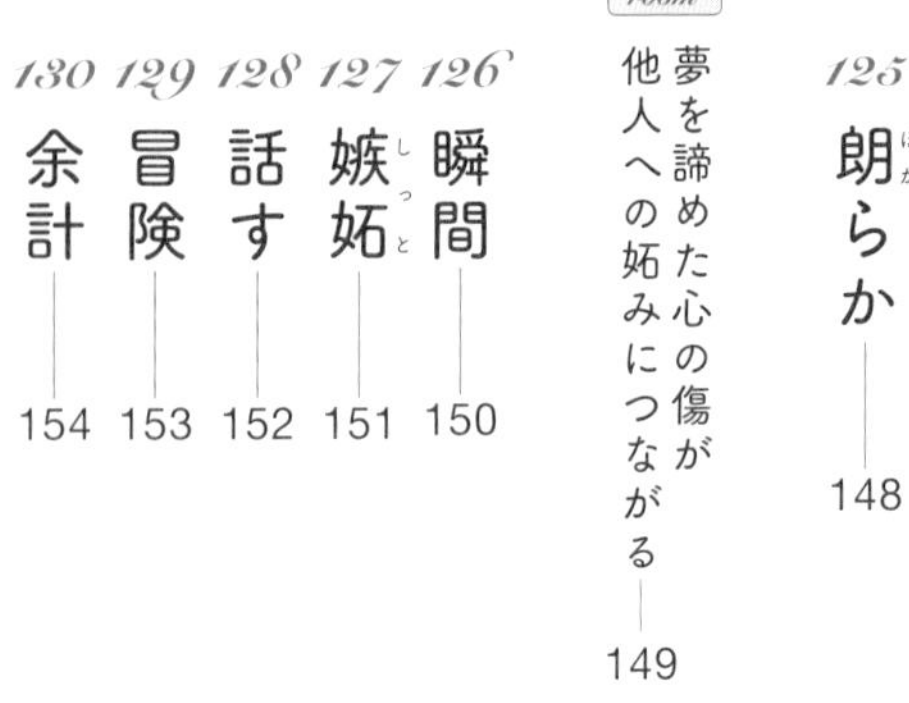

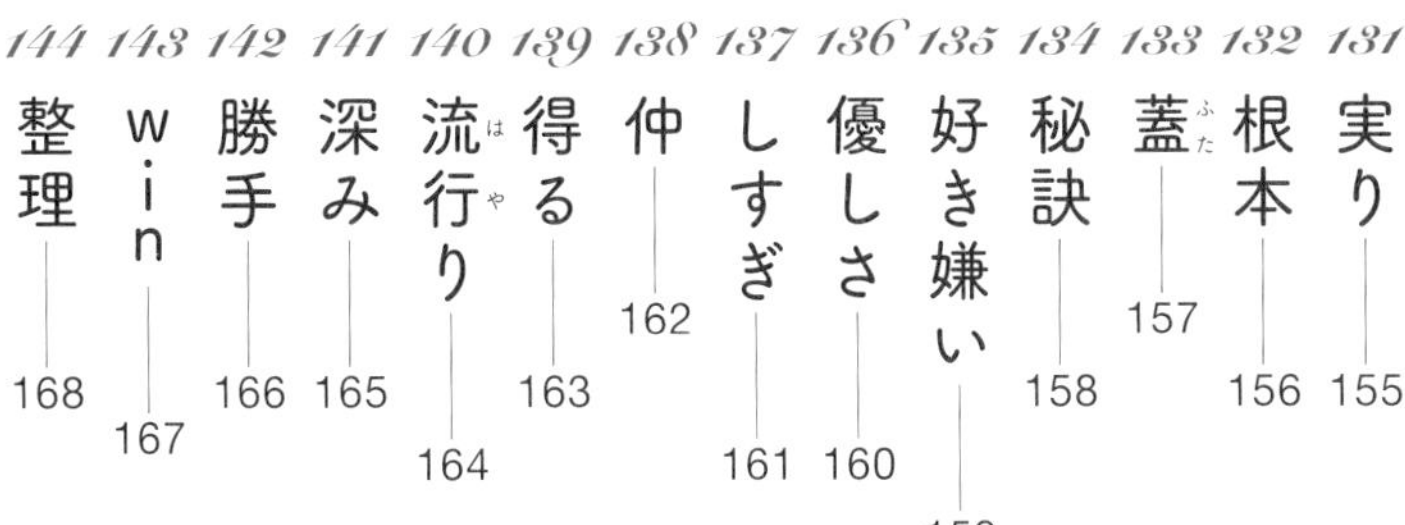

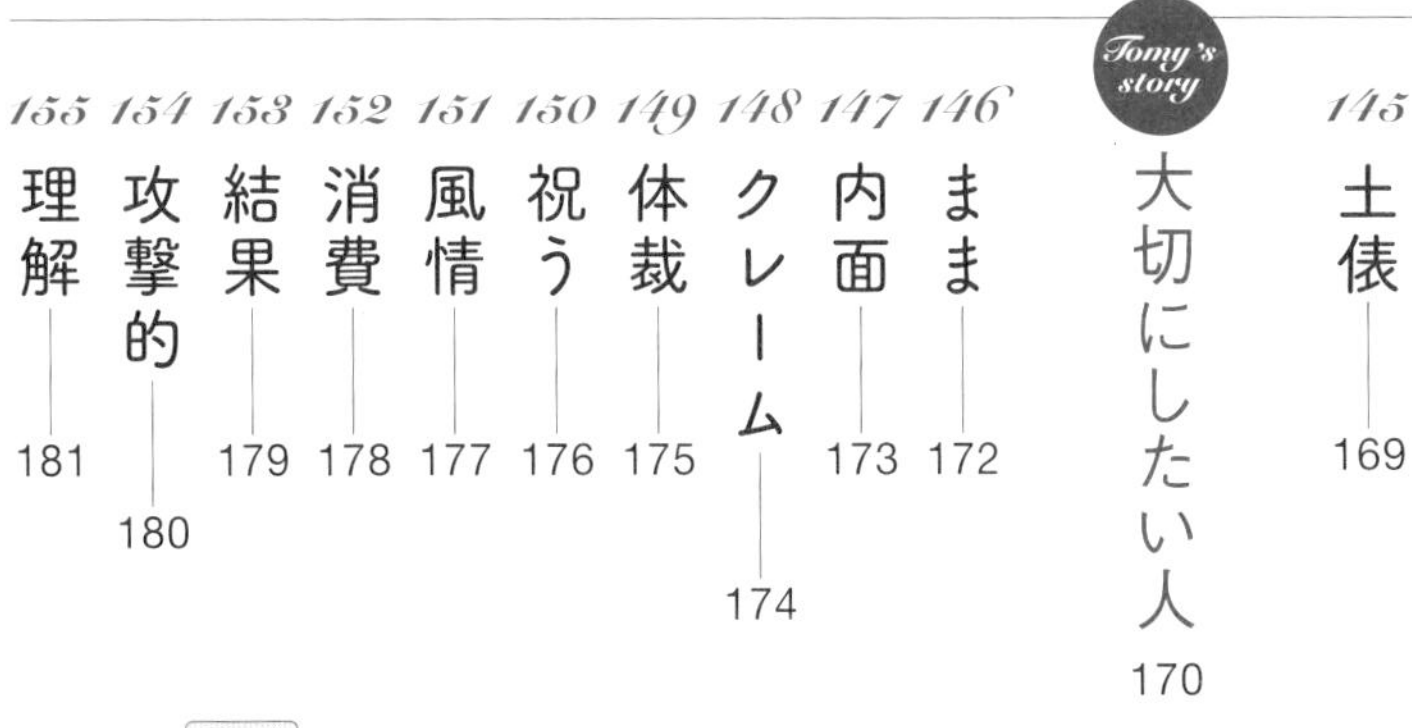

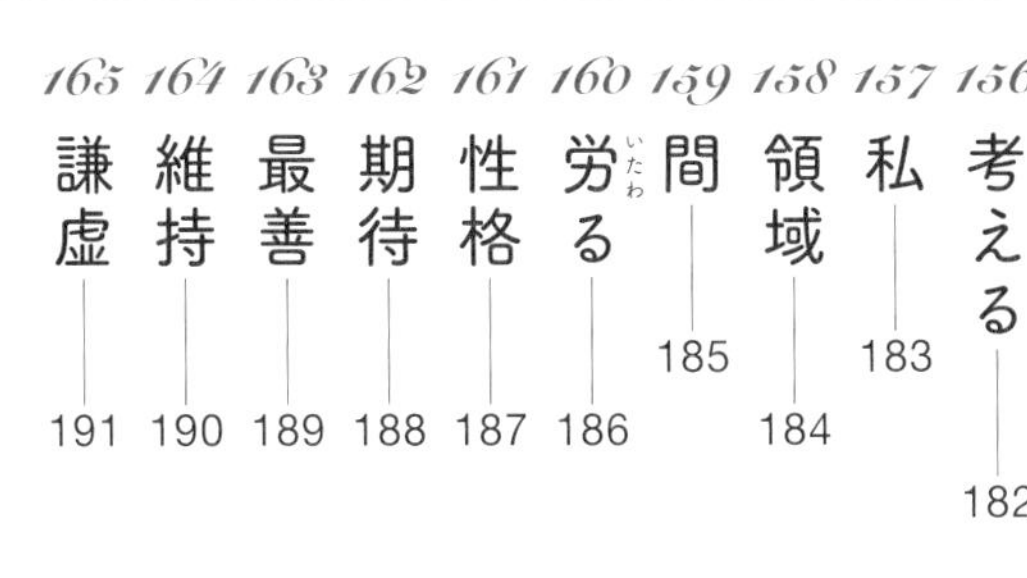

Contents

本当に優しい人って まず自分に優しいのよ

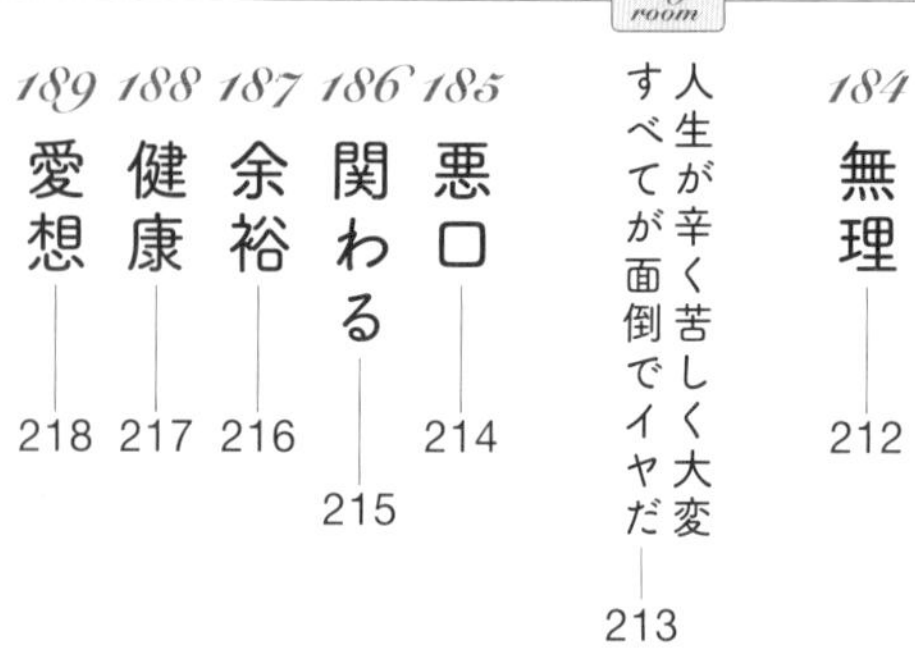

Chapter 1

焦らない、焦らない

1 悩み

生産性のない悩みはとことんカットでいいのよ。

悩むことで得られるものがあるかどうか、常に考えておきましょ。

大変なときはね、
今日一日を
なるべく良い日にしよう、
それだけ
心がければいいのよ。

今日一日が終われば、後は眠ればいい。
その繰り返しだから。
それが生きるってこと。

2 心がけ

3 褒(ほ)める

不安になりやすい人を褒めるときはね、「前よりは良くなってるよ」ぐらいでいいのよ。

普通に褒めても、お世辞だと思われちゃうから。

嫌う人は、そのままに。

自分を嫌う人を
なんとかしようと思っても無理なのよ。
疲れるし、徒労に終わるし、
他の人間関係もぎくしゃくする。
そのエネルギーは、
より理想の自分に近づくために
使ったほうがいいわ。
好意は後からついてくる。

4 好意

5

休憩

ダメだから
「自分はダメだなあ」と
思うんじゃないの。

疲れてるからそう思うのよ。
まずは休憩しましょうか?

陰でコソコソ言われてもいいじゃない。

そんなことするの、
大したことない連中なんだから。

6 陰口

7

感情

ストレスを抱えやすい人って、自分の感情を素直に認められないことが多いわ。

例えば
「こんなことで疲れるなんて」って思うのよ。
そうじゃなくて単純に「疲れた〜！」って
思えばいいのよ。

消えない悲しみもある。

それは持っていればいいのよ。
持ったままでも幸せになれるから。

8

悲しみ

9
歪(ゆが)める

評判の悪い人でも、その人の悪口は控えましょ。

そこから悪口が癖になるから。
本当に評判通りの人だと思ったら
関わらなければいい。
悪口は自分の心を歪めるわ。

自分を責めやすい人は、こう問いかける癖をつけるといいわ。

「私、何か悪いことしたかな?」答えられないときは、アナタは悪くない。

10

自問

11

卑下(ひげ)

人を馬鹿にする人って、そうでもしないとやっていけない人なのよ。

わざわざ気にすることもないわ。

心のダメージって後から来るからね。

そのとき大丈夫だと思っていても、意外と振り回されることもある。疲れる情報は制限するほうがいい。ちょっと大げさなくらいにね。

12

情報

13

決断

何を選んでも、
選ばなくても、
違う葛藤があるのよ。

だから過去の決断は、後悔しなくていいの。
自分なりに考えた結果なんですもの。

優しくなる方法は、
なんでもかんでも責任を
とろうとしないこと。

ちょっと無責任になれば、
余裕が出て、優しくなるの。

14

無責任

15

レア

人生なんて、安定している時期のほうがレアなのよ。

もともと荒れるもん、荒れるもん。
そう思っていれば多少は気持ちが晴れます。

外見を人と比べるたびため息をついてしまう

Q 外見をすごく気にしてしまいます。雑誌に載っている人なんかと見比べては、鏡を見てため息。比べるのをやめたいです。見た目の自信のなさと「もっとキレイになりたい」という思い、どうすればよいのでしょうか？

A 生まれもっての見た目って、アナタが思うほど影響しないのよ。人の印象は、顔立ちやスタイルより、清潔さや服装、それに気づかいなどで総合的に決まるもの。努力次第で大きく改善できるものなの。それに生まれもっての見た目のよさって、せいぜい20代前半くらいまでのもの。だから外見だけでなく、「トータルで素敵な人になろう」って考えたら、もっとラクに、前向きに生きられるようになるわよ。

16

意見

世の中って黙っていると、アナタに要求してくるモノだらけなのよ。

断る、自分の意見を言う。これって、常に必要なことなの。

心のどこかでそうしたいと思っていれば、そのうちそう動くのよ。

焦らない、焦らない。

17

焦り

18

好き

人生、好きなことを
やればいいのよ。
他人に迷惑を
かけなければね。

やる理由とか、ベストなタイミングとか
あれこれ考えなくていいわ。
生きている時間は限られているのだから、
好きなことをしている時間を
多くしたほうがいいの。

手っとり早く人に好かれる方法は、「聞かれてないのに自分の話はしない」ことよ。

これを徹底するだけで印象が良くなるわ。

19 話

20

攻撃

アドバイスのフリした攻撃には要注意よ。

本当にアナタのことを考えてくれる人は、攻撃なんかしてこない。

心配症の人は、「過去の自分の心配がどれぐらい当たっていたか」を振り返るといいわ。

きっと、自分が大外れの〝心配予報士〟だって気づくことでしょう。

21
振り返る

22

人

すべての人がアナタのことを嫌うわけがない。アナタのことを好意的に思う人も必ずいる。

アナタのことを否定する言動は心に残りやすい。それだけのことなの。生きている時間は限られているから、好意的な人のために時間を使いましょ。

その人を見るときに、言葉遣いを確かめるといいわ。

きつい言葉を使う人は、やっぱりきついのよねえ。

23 言葉

24
傷つける

誰かを傷つけて
得られる幸せなんて
あるはずがない。

人は幸せになるとき、
周りも幸せにしていくものなのだから。

やる気がなくても
いいのよ。

やる気なく過ごせばいいだけ。
いつも精いっぱい生きていたら疲れちゃう。

25

やる気

26

嫌々

消極的にやるぐらいなら、
積極的にやめたほうが
いいわよね。

嫌々やるのって、
わざと嫌な気分になってるようなもの。

27 ツキ

幸せになる原則は2つよ。

ツイてると思うときに、調子に乗らないこと。
ツイていないときに、
どうすれば上手くいくか学ぶこと。

28

嵐

理由もないのに、
急に上手く
いかなくなることがあるの。
嵐みたいなものよ。

そういうときは、
おとなしくしていれば過ぎ去るわ。
あまり「なぜ?」とか「ずっと続くの?」とか
追いかけないことね。
余計、長引いちゃうから。

他人ってね、
自分の都合でしか
相手を評価しないの。
たとえ相手に
悪意がなくてもね。

だから、他人の評価に
振り回される必要はないわ。
自分の都合がわかっているのは、
結局、自分だけなの。

29
評価

30

距離感

適切な距離感って、「自分の決めるべきことが自分の意志で決められる距離感」なのよ。

相手が口出ししてきたり、相手に遠慮して思うように決められなかったりするのは、近すぎるわ。

手放すって、管理しないことよ。

とても大切なこと以外は管理しない。
日頃から気にしない。
どうなるか不安にならない。
行く末を見守らない。
本当に大切なこと以外は。

31 管理

断る勇気

社会経験が少ないときってね、基本的に「自分はお人好し」だと思ったほうがいいの。経験が少ないから、他人に嫌な思いをさせたりする経験も少ない。だから、基本的にお人好しなの。

お人好しな人は、「相手には悪意がない」という前提で物事を進めがち。自分がやりたくないことでも、何かを頼まれたら、なるべく協力しようとする。でも、それは報われることがないわ。だって、やりたくないことを持ってくる人は、またやりたくないことを持ってくるから。

あるいは、自分にとって好ましくない人を連れてきたりする。アナタが引き受けた実績があるから、次もいけると踏んでくるのよね。

やりたくないことに協力しても、いいことなんて一つもない。それどころか、どんどん自分が消耗してしまうのよ。アナタがやることが相手にとって当たり前の大前提になるから、どんどん断りにくくなる。知らないうちに、自分が率先して〝嫌なご縁〟を育ててしまっているのよね。だから、最初に断るべきなの。

断るって勇気が必要かもしれないけれど、なあに、それでも何も問題はないわ。ちゃんとした人なら、相手が嫌がりそうなことは、そうそう簡単にお願いしてこないものだから。どうしてもお願いしなきゃいけないことなら、それなりのフォロー、つまりアナタにもメリットがある形でお願いしてくるはず。申し訳ないと思うから、当然そうしたくなるのよ。それができていない時点で、嫌なご縁なのよ。

やりたくないことをやると、変なご縁ができるのよ。
そして、そのご縁がまたやりたくないことを連れてくる。
根本から絶ちましょ。

32

やる

物事を考えすぎると、やらない理由ばかり出てくるのよね。

やってみたいのなら、まずやってから考えればいいのよ。

相性がいいのは、
何でもやって
あげたくなる相手より、
嫌なことはちゃんと
断れる相手。

断るたびに疲れる相手は、
ずっと一緒にいられないもの。

33

相手

34

自責

苦しんだからといって、
幸せになれる
わけじゃないわ。

自分を痛めつける必要はないのよ。

心配事の大半は起こらないわ。

つまり、心配事は
自分が増やしているようなもの。
なんとかなるのよ。

35 心配事

36

諦め

なかなか上手くいかないことがあったら、「まあこのままでいいや」って、いったん諦めてみなさい。

そうすると上手くいくこともあるから。

上手くいかないのは、
単に疲れていることが
原因だったりするわ。

元気のあるときにやればいい。
間違っても、自分を悪者にしないで。

37

原因

38
伝える

不満があったら、
ちゃんと伝える
ほうがいいわ。

ニコニコしてずっと聞いていたら、
いつか笑えなくなる。
そうなる前にね。

自分の機嫌をとる方法は、
普段から
用意しておきましょ。

自分たらしの人間になるのよ。

39

機嫌

40
求めない

嫌な人と距離をおく
手っとり早い方法はね。

接触時間を減らす、意見を求めない。
この2つよ。

いるべき人といると、物事が上手く進み出すわ。

なぜなら、その人はアナタの力になりたいと思って行動してるから。
一方で、本当は自分のことばかり考えている人といると、
物事が上手く進まなくなる。
アナタのことを考えて行動していないからよ。

41

行動

42

知る

相手を知るには、「言葉」ではなく「行動」を見るべきよ。

そして、自分も行動を見られていると考えたほうがいい。
つまり、納得していないことでも、応じたら納得していると受けとられてしまうの。
だからこそ、嫌なら妥協しちゃダメ。

「なるようになる」って考え方は大事よね。

なんでもコントロールしようとすると、
今が幸せなのか確かめたくなるから。
他人のことが許せなくなるし、
先のことが不安になる。
いいことなんて、一つもないわ。

43 流れ

44

大切

どんなに当たり前に
見える環境もね、
必死になって築きあげた人、
必死になって
維持している人が、
どこかにいるのよ。

それをわかっているだけで、
本当に大切なものを見失わずに済む。

普段連絡のない人からの
連絡は、たいてい
ロクでもない話よ。

無理にとり合わなくていいわ。

45

連絡

46

手放す

手放すには、それなりに時間がかかるわ。

でも、手放すと決めたときから、少しずつ確実に先に進むの。だから、どっしり構えていればいいのよ。そのうち気持ちが追いつくから。

不誠実な人を見抜く方法があるの。

いつの間にか言っていることが違ったら、
それは要注意。

47 言動

3年前に急逝した父の死を受け止められない

Q 30代前半の女性です。３年前に父が急逝しました。親孝行ができないまま、感謝の気持ちも伝えられないまま、突然会えなくなって後悔の念でいっぱいです。受け止める自信がなくて父の死因もまだ聞けていません。前向きになれる方法、父の死と向き合う方法を教えていただきたいです。

A アテクシも比較的早くに父を亡くしました。そして、「もっと一緒に過ごせたらな」という思いが何度も湧き上がったの。それでも今は、「それなりに親孝行できていたんだろうな」と思えるようになったわ。死別は悲しみ以外に、後悔や怒りなど、いろんな感情が波のように打ち寄せるもの。そのことを否定せず、追いかけず、眺めていくことが大事。時間はかかるけれど、自分なりに納得できる日は必ずきますからね。

Chapter 2

自分をわざわざ肯定しなくていい

48

キャパ

キャパオーバーしても、キャパは広がらないのよ。

体調が悪くなるだけ。
だから、キャパオーバーしたら、控えましょ。

49

思い出す

あんまり疲れてしまうと、自分の価値観を忘れちゃうのよ。

自分の価値観を思い出せる程度に疲れましょ。

50

愚痴(ぐち)

愚痴を言うとね、
いろいろ思い出して
またイライラするのよ。

実はストレス発散になってないの。

51 強さ

強い人って、
いろんな現実と
向き合える人だと
思うのよね。

普段からいろんな可能性を考えておけば、
強くなれる。
想像力って強さなの。

52

漂う

漂うように生きていけばいいわ。

行きたいところがあるときだけ漕いでいきましょ。
人生は時々大波が来るから、それぐらいの生き方がちょうどいい。

53 気持ち

周りの人の気持ちを
考えることは大切よ。

でもね、自分にも感情があるってことを
忘れないことも大切。

54

やらない

人生で大切なのは、「やりたくないことをいかにやらないか」なのよね。

余裕がないと、やりたいことも
わからなくなるから。

55

やめる

何かを始めて上手くいかなかったら、やめればいいじゃないの。

何かをやめて上手くいかなかったら、また始めればいいじゃないの。つまらないと思いながら同じことを続けるほうが、よっぽどもったいないわ。

56

予測

なんだか疲れる人って、
「どういう言動をするか
予測のつかない人」
なのよね。

読めないから、落ち着かない。
安らぎたいのなら、
言動が予測できる人と過ごすこと。

57 常識

常識って、その集団の中での多数意見にすぎないの。

集団が変われば、常識じゃなくなる。

58

信念

正しいことでも、人の役に立つことでも、攻撃されることがあるの。

それは誰かの価値観や立場を根本から変える可能性があるからよ。
最後に頼りになるのは、人からの評価じゃない。
自分の信念よ。

59

流す

とことん気にしなければ、相手の影響は減らせるわ。

「こういう人」だと思って、壊れたラジオが鳴っているぐらいに思いましょ。ピーガーガー……。

60

保身

世の中には
自分を守るためだけに、
他人を攻撃する人がいるわ。

そんな人に攻撃されても、
アナタが悪いわけじゃない。

61 感覚

忙しくても暇でもいいのよ。

そこに「楽しい」という感覚があれば。
でも、その感覚がなければ、
環境を見直したほうがいい。

62

愛

愛とは
ストレスを与えないこと。

愛を語る人が
ストレスをもたらしていたら、妙だわ。

63

意志

自分の意志がないのに、人のために生きるのは不健康よ。

だからストレスがたまるの。
人のために生きるのは、
自分の意志があることが大前提。

64

肯定

自分をわざわざ
肯定しなくていい。

それが、本当の自己肯定よ。

のらり

65

嫌いな人には、
のらりくらりと
対応するのもいいわよ。

真正面から受け止めない。

「そうなんですね！」

「そうなんですか！」なんてね。

66

そのまま

「自分が何者か」とか
「これでいいのか」とか
考えなくていいわよ。

いつだって自分は自分。
それ以上でもそれ以下でもないし、
それでいいのよ。

30代を無駄に過ごして前進できない感じがする

Q 今の仕事が私生活を邪魔して、30代を無駄にしている気がします。仕事を変えたいけど、やりたいこともないし、辞める勇気がない。前に進めない感じがして辛いです。

A まずは、仕事と私生活を切り離して考えてみるといいわね。具体的には、30代のうちに仕事でやりたいこと、やりたくないこと、そして私生活でやりたいこと、やりたくないことを書き出してみるの。人間って余裕がなくなると、感情が先行して動くから、なりゆきで判断すると後悔することもあるわよ。定期的に頭の中を整理して、そのために必要なことは何かを見直す習慣をつけていきましょうね。そうすれば、自然と前に進んでいけるから。

67

頑張り

「頑張れ」って、よく考えたら命令形なのよね。

時々、言われてキツく感じるのはそのせい。
そんなときは、「頑張ってるね」と、
自分に言い聞かせるのも、
相手に伝えるのもいいわね。

68

ベスト

何でもかんでもベストを尽くしたら、ぶっ倒れるわよ。

一番大事にしたいことだけ、ベストを尽くせばいいの。後悔しない程度にね。

69
与える

人に与えようとすると、
人も物も集まってくる。
ただ欲しがると、
手に入らなくなる。

不思議なものね。

70 不必要

あること、ないこと言う人には、好きに言わせておけばいいわ。

だって「あること、ないこと」なんだもの。
それを言う人も、真に受ける人も、
アナタの人生に必要のない人よ。

71

アナタ

アナタの人生を
生きているのは、
アナタだけなのよ。

だから自分こそ、
自分を大切にしなきゃね。

72 こだわり

人間って、「こだわり」があるわよね。

そして、気がついたら
「めんどくさい人」になりやすいの。
時々振り返って「自分はめんどくさい人に
なっていないかな」って考えることが大切よ。
他人は、なかなか指摘してくれないものだから。

73

前進

上手くいかないことがあっても、どうせ通る道。

大丈夫、先にはちゃんと進んでいるわ。

Tomy's advice

74

続ける

人はやりたくないことを
やり続けられるようには
できていないのよ。

期限を設けるか、
やりたいことに変えていくか、
どちらかにしないとね。

75

慣れ

いつまでたっても、慣れないことは慣れないのよ。

そこは無理にアナタがやらなくてもいい分野なの。

一番の問題解決は、
問題の起きる場所に
いないことなのよ。

76

問題

77

過去

過去なんて、そんなにクヨクヨ考えなくていいじゃないの。

とりあえず、今自分はここにいるんだから。

78 精神

精神的に追い詰められやすい人は、よくこう言うの。

「やらないわけにはいかない」

でも、本当にそうなの？

よく考えてみて。

79

成長

成長はある日、突然、訪れるものよ。

努力した分だけ、
形になるわけじゃない。
だから自分を信じて続けなさい。

80

安心

今まで積み重ねたものは失われないわよ。

だって、経験や記憶はなくならないでしょ。
安心して次に行きなさい。

81

苦労

苦労すればいいわけじゃないの。

得られるものがあるから、
苦労する価値がある。
何のためにするのかわからない苦労なら、
やめたほうがいい。

82

利用

助けないことを
非難してくる人は、
助けなくていいわ。

それは、利用されているだけよ。

83

必然

過去は必然よ。

そのまま認めていいの。
後悔することがあったら、
学べばいいだけ。

変化

84

常に少しずつでいいから、
何かを変えるといいわ。

そうしないと、
ちょっとした変化も不安になって、
何もできなくなるのよね。
いざという時のために、
変化に慣れておきましょ。

85

眺める

落ち着かないときに、無理に落ち着かせようとしても上手くいかないの。

「今は落ち着かない時期なんだな」って、自分を眺めるほうが、早く落ち着くわ。

86

本音

本音で話せなくても いいのよ。

誰でも多少は
仮面をつけている場面があるし、
そこに時々本音が交じるだけ。

逃げていい

素直さって最強の武器だと思うの。周りに40代、50代の先輩が多いから、いろいろと教えてもらわなければならない。素直さが、それを助けてくれるはず。

でも、素直ということは〝諸刃（もろは）の剣（つるぎ）〟でもあるの。周りの悪意や批判も素直に受けとってしまう。まともにとり合う必要のない人間や言葉もあるのに。

不必要に傷ついてしまうと、立ち直れなくなることもある。素直さという武器が錆びついてしまうこともある。だからアテクシは、こんな言葉を考えたの。

「言葉のすべてをまともに受けとめる必要はない」。なかには、ストレス発散やマウンティング、企（たくら）みのために発せられる言葉があるの。そんなもので傷ついていたら、身が持たなくなってしまう。

だったら、どうしたら、そんな棘のある言葉から身を守れるのか。

まともに受けとめなくていい言葉というのは、よく知らない人からのネガティブな言葉よ。よく知らない人の発する言葉は、感情的で、無責任なことが多いから。

アナタがどうなろうと知ったこっちゃない、という人の言葉。そんな人の言葉は、一切気にしなくてもいいのよ。

アナタのことをよく知り、大切に思う人の言葉は、アナタの助けになりたいという気持ちから発せられるもの。そういった無責任な批判とは天と地以上にかけ離れた言葉なのよ。

アナタを傷つけるための言葉からは、逃げていいの。

よく知らない人から批判されても、気にしなくていいわ。

本当に聞き入れるべきことは、アナタを大切に思う人が、言葉を選びながら伝えてくることよ。

87

孝行

言う通りにするのが、孝行じゃないわよ。

アナタが元気にしてるのが孝行よ。
それ以上を求めてくるのは、
「孝行しろ」というワガママ。

88 切る

しがらみは無意味よ。

切り捨ててみなさい。
なんにも問題は起きないから。

89

のんびり

上手くいかないと焦るけど、焦るとさらに上手くいかないの。

余裕がなくなって、
できることもできなくなるから。
上手くいかないときこそ、
のんびり構えましょ。

本当に大切なことって、
一見ありふれていて
地味に見えるのよね。

でも、いったんなくすと
二度と得られないのよ。

90

地味

91

頑固

頑固な人は要注意よ。

上手くいかないと、
今のやり方のまま頑張ろうとするから。
そこに問題があれば、
頑張るほど事態が悪化しちゃうの。
上手くいかなければ、少し変えてみれば。

アナタが思うより
アナタは素敵よ。

そう言いたくなるような人を
友にするのがいいわ。

92

友

93

あの時

大変なことがあってもいいの。

何があっても
「あの時に比べればマシ」って
思えればいいから。

94 仕事

「この人と仕事したいな」
という人じゃないと、
なかなか上手く
いかないのよね。

仕事が上手くいけば、
お互いのメリットになる。
好きな人のためになると思えば、
頑張れるからね。

95

対応

相手が捨て台詞（ぜりふ）を吐くときは、正しい対応をした証拠よ。

もくろみが外れたから、捨て台詞を吐くしかないってことよ。安心しましょ。

やるせない経験は、やるせなさを味わうためのもの。

悔しい経験は、悔しさを味わうためのもの。
切ない経験は、切なさを味わうためのもの。
そう思って、やり過ごしなさい。

96 経験

97

権利

誰だって
幸せになる権利があるわ。

でも、その権利は自分で行使するものよ。
誰かから与えてもらえるものじゃない。

98 頼み事

アナタが嫌な頼み事を受けなければどうなるか。

頼みに来なくなるのよ。
いいことずくめじゃない。

99

洗脳

「〜すべきだ」は、
自分への
洗脳みたいなものよ。

まず、やめてみましょ。

100 理想

理想通りの生き方なんてできないのよ。

仮に理想通りになったとしても、
きっと人は悩みを見つけてしまう。
磁石と同じよ。
必ずN極とS極ができてしまうようなもの。
だから、今のままでいいの。

101

価値

生きるとは、同じことを繰り返すことなのよ。

そこに価値があるの。

幸せって安定と不安定のバランスなのよね。

完全に安定してもつまらないし、
完全に不安定だと落ち着かない。
9割安定させて、
1割どうなるかわからない
不安定な要素をつくっておく。
それぐらいがいいわ。

102

バランス

103

変える

他人は変えられないと
言うけれど、
変えられるかもしれない。

方法はあるの。
それは、他人を褒めること。

本書をご購入くださり、誠にありがとうございます。

今後の企画の参考とさせていただきますので、表裏面の項目について選択・ご記入いただければ幸いです。

ご感想等はウェブでも受付中です（抽選で書籍プレゼントあり）▶

年齢	（　　　　）歳	性別	男性 ／ 女性 ／ その他
お住まいの地域	（　　　　）都道府県 （　　　　）市区町村		
職業	会社員　経営者　公務員　教員・研究者　学生　主婦 自営業　無職　その他（　　　　）		
業種	製造　インフラ関連　金融・保険　不動産・ゼネコン　商社・卸売 小売・外食・サービス　運輸　情報通信　マスコミ　教育 医療・福祉　公務　その他（　　　　）		

①本書をお買い上げいただいた理由は？
（新聞や雑誌で知って・タイトルにひかれて・著者や内容に興味がある　など）

②本書についての感想、ご意見などをお聞かせください
（よかったところ、悪かったところ・タイトル・著者・カバーデザイン・価格　など）

③本書のなかで一番よかったところ、心に残ったひと言など

④最近読んで、よかった本・雑誌・記事・HPなどを教えてください

⑤「こんな本があったら絶対に買う」というものがありましたら（解決したい悩みや、解消したい問題など）

⑥あなたのご意見・ご感想を、広告などの書籍のPRに使用してもよろしいですか？

1　可　　　　2　不可

※ご協力ありがとうございました。　【30代を悩まず生きる言葉】118801●3550

104

記憶

相手との関係が
変化すると、
「せっかくの思い出も
ケチがついちゃったな」
と思うこともあるでしょう。

でもね、思い出は思い出よ。
素敵な記憶はそのままでいい。

105

青空

疲れたら、
空を見上げましょう。
そして、こう思いましょう。

「この青空はいつも変わらないなあ」

106

味方

アナタ自身に味方ができるわけじゃない。

アナタの生き方に味方ができるの。
何をしても、
味方が味方でいてくれるわけじゃない。

会社での評価に差がついて同僚と仲違(たが)いしてしまった

Q とても仲がよかった同僚との関係が悪くなってしまいました。ある仕事で、その同僚より自分のほうが高く評価されたことがきっかけでした。ぎくしゃくしてしまっているのですが、どのように関係を修復したらいいか悩んでいます。

A 基本的には、その人との関係は修復しなくていいと思うの。アナタが関係を修復したいと思っていても、相手がそう思わなかったら不毛だから。無理を押しても、関係は修復できないだろうし、それでいいのよ。その人への挨拶や礼儀を欠かなければ、それで問題ないと思う。あとは自然の流れに任せなさい。来る者拒まず、去る者追わず。それがよい人間関係を保つ最高の秘訣よ。

Chapter 3

大丈夫、無駄な経験なんてない

107

凹(へこ)む

「怪我の功名(こうみょう)」って、
本当よね。

怪我は治るときに、
それ以上のものを連れてくるわ。
だから、凹みすぎないで。

アナタが断固とした決意を持てば、周りはそれに合わせるものよ。

一番変化に抵抗しているのは、案外、自分自身かもしれない。

108

決意

109
ご褒美

時は必ず進むわ。

放っておいても、
アテクシたちは前進するの。
それが時のご褒美。
でも、今ある大切なものを
見落とさないようにしてね。

アナタが心配していることって、そんなに問題にならないのよ。

だって、意識して対応してるから。
問題になるのは、
たいてい思いもよらぬこと。

110

心配

111

プライド

プライドの高すぎる人っているじゃない？

そういう人は不安なのよ。
不安だから、
プライドにしがみついていたいの。
鼻につくところはスルーして、
落ち着いた対応をすればいいわ。

グダグダする時期も大切なのよ。

いつも充実したときばかりだと、グダグダする甘美さを味わえない。

112

甘美

113

学び

悔しい思いをしたのなら、
そこから何かを
学びとって
先につなげるのよ。

大丈夫、無駄な経験なんてない。

向上心を
高めてるつもりが、
いつの間にか
欲が深くなってるだけって
ことがあるのよ。

でも、「ありがとう」を
意識していれば、大丈夫。

114

感謝

115

選択

人生の岐路で正しい選択なんかないのよ。

比較できないもの。
だから、安心して
好きなほうを選びましょ。

人が迷っているときって、
矛盾した行動を
とっているのよ。

自分の矛盾を探してみましょ。
考えていることと、
やっていることが違うの。

116
矛盾

117

他人

それが義務や仕事や
自分の意志でないのなら、
人のことを
やってあげるのは
およしなさい。

誰のためにもならないわよ。

人の期待に添えないのは当たり前よ。

そもそも他人に期待するのはよくないことですらない。
ましてて自分のやりたいことだし、
ご期待に添えなくて申し訳ない？
そんなことはございません！

118 当たり前

119
軌跡

レールの上を
走っていると、
レールの上に障害が
あると進めないでしょ。

でも、人生にレールはないからね。
自分の後ろに軌跡ができるだけ。
人生は自由なのよ。

早く動きすぎると、仕事が増えるのよ。

余計な確認が増えるから。物事には適度なタイミングってものがあるの。

120

適度

121

モノ

所有するなんて
幻想なのよ。

どうせ生きている間だけですもの。
むやみにモノを欲しがる
必要はなくってよ。

ないものを無理に
追い求めれば、
自分を苦しめる
ことがあるわ。

そのままでいいじゃない。

122
追う

123

優先順位

いいとこどりの選択肢なんて、そんなにないのよ。

たいてい何かを得れば、何かを失う。だから、優先順位をつけられる人が、生き上手なの。

人を騙すのは、
決して胡散臭い人
じゃないわ。

信用できるように見える人よ。

124

騙(だま)す

125

朗(ほが)らか

「かわいい」って、良い点も悪い点も含めて、ポジティブに評価できる言葉なのよね。

だから「かわいい」という発言が多い人は、明るくて朗らかよ。

夢を諦めた心の傷が他人への妬みにつながる

Q 私は声優になるのが夢でした。ところが養成所に入ったら、足が震えて立っていることもできず、極度のあがり症であることに気づきました。今は別の仕事をしていますが、その経験が大きな心の傷となっており、夢を叶えている人を妬ましく思います。心のあり方を教えてください。

A アテクシは作家になりたいと思っていたの。もう本は出せないかもしれないと諦めかけたことは何度もあったわ。その経験から「上手くいかないときは、夢を心のどこかに置いておく」ことが大切だと感じたの。すぐに叶わなくても、自分の想像した形じゃなくても、心のどこかに置いておけば、いつかはチャンスが巡ってくるはず。今の仕事を続けながら、夢に近づくチャンスがあれば、なんでもトライしてみて。絶対に叶わないということはないから！

126

瞬間

もし、
何のしがらみもなく、
この瞬間からできるなら、
やりたいですか？
やめたいですか？

その答えがアナタの本当の気持ちなのよ。
人は後からいくらでも
理由を見つけるものだから、
本当の気持ちがわからなくなる。

Tomy's advice

「自分がここで勝負している」という場所だけで嫉妬しましょ。

それなら、嫉妬にあらがえるのは努力だけだから。勝負していないところでの勝ち負けなんてどうでもいいわ。

127

嫉妬（しっと）

128

話す

いろんな人とお話しするのは有意義よ。

自分にとって当たり前のことが、
他人に刺さることもある。
逆もまたしかり。
物の見え方が違ってくるの。

未来というのは、「未だに来ない」と書くわね。

つまり何が起きるかわからない。
生きてるだけで、
冒険しているようなもの。
余計なことを考えずに
ワクワクすればいいのよ。

129

冒険

130

余計

「アナタに楽をさせてあげます」こう言ってくる人は、本当に要注意よ。

たいてい楽になることはなく、余計な手間が増えるの。おいしい話をわざわざ持ってきてくれる人はいないわ。

努力は正比例して実るわけじゃないわ。

あるところで、ドカンドカンと実るの。
だから心配せず、
マイペースで続けるといい。

131
実り

132

根本

その場しのぎの対策は、
悪化させてるも同然よ。

根本の問題を放置しているのだから。

心に蓋はできないの。

蓋をしても、いずれ出てきてしまうのよ。
蓋をせずに済む方法を考えたほうがいい。

133
蓋（ふた）

134

秘訣

物事を上手く進める秘訣。

それは一つの方法に執着しないこと。
柔軟に、いろんな選択肢を考えること。
苦しんで、同じやり方でやる必要はないのよ。

好きなものが
嫌いになることはあるし、
その逆もあるわ。

それはそれでいいのよ。
好きだと思い込んだり、
嫌いだと思い込んだりするよりはずっといい。

135
好き嫌い

136

優しさ

アナタのとびきりの
優しさを思い切り
ぶつけていいのは、
「優しくしろ」と
決して言わない人よ。

137 しすぎ

忙しいって、業務量の多さだけじゃないの。

トラブルの頻度も重要なの。
しょっちゅう何かに
頭を悩まされているのなら、
それは仕事しすぎなのよ。

138

仲

仲が良いのは
お互いが好きだから。

仲良くするのが目的じゃないわ。

物事は差し引きで考えがち。

でも違うの。
仮に得るものより失うものが多くても、
何かは得ている。
それが大事なの。

139
得る

140

流行(はや)り

理想の生き方をしていれば、流行りの生き方は気にならないわ。

幸せになるには、流行りを追うのではなく、流行りが気にならない生き方を探ることよ。

人は痛みを知ると深みが出るわ。

だから痛い思いをしたら、そのぶん深くなったと思えばいいのよ。

141

深み

142

勝手

「そんなの自分の勝手でしょ」ということに、首を突っ込んでくる人って一定数いるのよ。

そんなときもブレずに「自分の勝手は、自分の勝手」で行動すればいいわ。下手に合わせると、どんどん首を突っ込んでくるから。こわいのよ〜。

win-winってね、目に見える利益とかじゃないのよ。

悪意のない楽しい仲間だったら、それだけでwin-winなのよ。

143

win

144

整理

整理って大切だけど、整理にこだわって疲れ果てるほどの価値はないわよ。

作業時間を短縮できる程度に整理すればいいいわ。

嫉妬も極力、全部手放しましょ。

どうしても手放せない嫉妬が残れば、
それがアナタの土俵。
そこだけにエネルギーを注ぎましょ。

145

土俵

大切にしたい人

若いときって、基本的に忙しいのよね。なんとなく仲間がいて、遊びの予定も、仕事の予定も、イベントなんかの予定も入る。今どきの言い方だと、〝わちゃわちゃ〟しがちなの。だから、あえて何もしなくても、時間が埋まっていくことが多い。

そして、人間関係って2種類あるの。一つは、目的があって成り立つ関係。これは仕事やイベントなど、何か目的があるときに一緒に過ごす。この人間関係は、目的がなくなると、お開きになる。

もう一つは、目的がなくても成り立つ関係。これはイベントがなくても、一緒にいることができる関係。いや、むしろ一緒にいることが目的になる関係ね。

若いときはイベントや目的が多いから、この2つの違いを意識しないことが多い。

けれど、だんだん年齢を重ねると、環境が変わって、家族ができたりして、新しいイベントがあまり入ってこなくなる。そして、何でもない時間、家族とは別に一人で過ごす時間が増えていくわ。

そんなとき、何でもない時間につき合ってくれる人が一人でもいたら、けっこう日々が変わってくるものよ。

でも、そういう人間関係って、いざ自分が寂しくなってから築こうと思っても、なかなか上手くいかないのよね。今のうちから「ああ、この人は何でもない時間につき合ってくれる人だな」と気づいて大切にしていく。結局、最後に残ってくるのは、そういった人間関係なのよね。

何でもない時間につき合ってくれる人は大切よ。
お散歩とか、お茶とかね。
アナタのことが好きじゃないと、何でもない時間は楽しめない。

146

まま

あるがままでいいんだけど、なかなか周りはそう言ってくれないのよ。

まずは、自分でそう思うことから。

カッコいいっていうのは、
うわべじゃないの。

内面のことなの。
自分で納得して、
堂々とやればカッコいい。

147

内面

148

クレーム

クレームが大多数の意見とは限らないのよ。

それどころか、偏った意見のことも多いわ。たいていの人はクレームをつけないから、クレームを一つの意見としては受け入れても、振り回されてはいけない。

自分の価値観に、カッコつけてないかしら。

価値観を誰かに合わせたり、
体裁を整えたりする必要なんか、
まったくないわ。
自分の思うがままでいい。

149
体裁

150

祝う

他人が幸せでも
いいじゃない？

自分の幸せが奪われるわけじゃないしさ。
祝ってあげましょ。

風情を味わうにはボーッとする時間が必要よ。

必要がないときは、たまにはスマホを置いて出かけるのもいいわ。

151

風情

152

消費

消費することにいずれ
飽きるのは当たり前よ。

「費やして消えるもの」って書くじゃない。
飽きないのは、
何かをつくり出すこと、誰かのためになること。

続けると結果が
出るんじゃなくて、
続いていることが
既に結果なの。

やりたければ続ける。
やりたくなければやめる。
それでいい。

153

結果

154

攻撃的

追い詰められると
人は攻撃的になるの。

だから、相手が急に攻撃的になったら、
多分追い詰められてるの。

Tomy's advice

155 理解

理解者って理解してくれる人のことじゃなくて、理解しようとしてくれる人のことよ。

他人のことなんて理解できるわけがないのに、理解しようとしてくれる、それだけで充分すぎるわ。

156

考える

いいこと教えてあげる。

好きな人のことをたくさん考えると、嫌な人のことを考える時間が減るわよ。

大丈夫、私には私がついてる。

最大の味方は自分なのよ。

157

私

158

領域

人と仲良くし続ける方法はね。

相手の領域を守ること。近づきすぎないこと。

Tomy's advice

生きるって、
たまたま生まれて、
たまたま死んじゃうまでの
間にすぎないのよね。

深く考えすぎず、
なるべく素敵に過ごせばいいのよ。

159
間

160

労(いたわ)る

「許せない」と思うとき、
アナタは
傷ついているのよ。

だから、まず自分を労りなさい。
許せないと思い続ける限り、
相手はアナタを傷つけ続けるわ。

自分の性格が悪いんじゃないかって悩む人へ。

本当に性格が悪かったら、
そんなことで悩まないわ。
たいていは、体調や感情の起伏の問題よ。

161

性格

162

期待

期待の強い人は、攻撃的になりやすいの。

期待通りかどうか、
いつも見張っているからイライラしちゃうの。
期待の強い人からは離れる。
そして、自分も必要のない期待はしない。
大切なことよ。

まず「誰が悪いか」より「何が最善か」よ。

自分が悪いと思いすぎても、相手が悪いと思いすぎても、正解は見えてこない。

163 最善

164

維持

精神状態を維持するコツは、「まだやれるけど、もう今日のぶんは終わったからやらない」よ。

時間があっても、元気があっても、やりきらない。

プライドが高い人って、実力よりプライドが高いのよ。

実力のある人は、
実力があるように見せる必要がないから謙虚。
そして、謙虚でいると
必要な情報も見えてくるから
実力も身についてくるわ。
つまり、謙虚が最高よ。

165

謙虚

20代の頃の過ごし方を後悔
劣等感に苦しんでいる

Q 20代を無駄に過ごしてしまったことを後悔しています。苦手なことが多く、得意なことがないので、劣等感にも苦しんでいます。大人になると、忙しくなってくるので、20代の頃から何かに打ち込んでおけばよかったと後悔しているのです。どうしたらよいでしょうか？

A あら、何かに打ち込むことなんて、今からでも十分にできるわよ。20代を無駄にしたと後悔しているアナタなら、より時間を大切にして、打ち込めるんじゃないかしら。今のうちに打ち込んでおかないと、40代50代になったら、また後悔するのは目に見えているわ。やりたいことがあるのなら、20代だろうが30代だろうが、時間はつくれます。始めるのに遅いことなんてないわよ。

Chapter 4

本当に優しい人って まず自分に優しいのよ

166

不満

不満の多い人って、不満を見つけないと落ち着かないのよ。

放っておきましょ。

167

限界

本当に優しい人って、
まず自分に優しいのよ。

自分に優しくせずに他人に優しい人は、
どこかで限界が来る。
そんな限界、作らなくていいわ。

168

異常

とんでもない人が
普通のことをすると、
いい人に見えるのよ。

でも忘れないで。
とんでもない人は、とんでもない人よ。

マナー

169

プライベートは一緒にいて楽しい人と、仕事をするならマナーのある人と。

一緒にいて楽しい人でも、マナーのない人とは仕事をしちゃだめ。

170

辛い

嫌な人にも
好かれようと
するから辛いのよ。

嫌な人には、嫌われるほうがいい。

171 せかす

アナタをせかしてくる人には要注意よ。

ゆっくり考えられたら困るからせかすの。
つまり、何かを隠しているの。

172

優しい

優しさが人を
ダメにするのは、
優しい人とワガママな人の
組み合わせのときよ。

優しい人同士のときはダメにならないの。

173

自分

もう自分のために
生きていいのよ。

いや、最初から自分のために生きていいの。
自分のために生きても、
誰かを傷つけるわけじゃない。

174

美しさ

心が美しい人って「心が美しくありたい」と願う人よ。

その時点で、すでに美しいわ。

175

過ごす

自分の機嫌を
とるって大事なことよ。

でもその方法がわからなかったら、
とりあえず機嫌の良い人と過ごしなさい。
そうすれば、
他人の機嫌はとらなくていいから。

176

ラッキー

悪口を言われたら、ある意味ラッキーよ。

相手の格が下がって、誰と関わるべきでないか判明するんですものね。

177 許す

許すって、相手のことを気にしないことよ。

つまり相手のためじゃなくて、
自分のために許すの。
気になることは、
少ないほうがいいじゃない？

178

採用

人間関係は、
「この人との関係は採用！」
「この人との関係は
不採用！」くらいの
感覚でいればいいのよ。

明らかに不採用にしたい人とつながるから、
悩みが出てくるの。

179

努力

自分で自分に「頑張ったね」と思うのも、それなりに効くのよ。

自分にしかわからない努力ってあるでしょ。

180

配慮

配慮は大切よ。

でも配慮しすぎると、
相手の配慮する能力を奪うの。
気を回しすぎないことよ。

181

しない

やる気がないときって、

「今は何もしたくない」

というやる気があるのよ。


積極的に何もしなければいいのよ。

182

関係

人間関係って、
最終的には
経験値じゃないのよ。

常識と思いやりの問題。

Tomy's advice

誰かに注意されたとき、相手が正しいとは限らない。

相手がアナタのために言っているとは限らないということは忘れちゃダメよ。注意するほうが立場が上で、正しいことを言ってるような錯覚に陥りやすいから。

183

注意

184

無理

楽しくなくなったら、
やめどきなのよ。

無理に楽しいはずって
思い込まなくていいわ。

人生が辛く苦しく大変 すべてが面倒でイヤだ

Q　人として生きていくということのいろいろが大変すぎて、すべてが面倒で、イヤになってしまい、生きていこうという気持ちになれず、何も手につきません。人生は辛く、苦しく、大変で、生まれてこないほうがよかったと思います。気持ちがラクになり、イキイキできる方法や考え方を教えてください。

A　まぁ生きるって、面倒なことが多いわよね。でもね、それはアナタが真面目すぎるから、イヤになるのかもしれないわよ。一生懸命生きないとダメだって思うと、辛くなりやすいのよ。「面倒なときは、ただそこにいるだけでいいや」くらいに考えておけばいいの。永遠に面倒ってことはないから、元気が出たときは元気を楽しむ。面倒なときは動かない。それで上手く回っていきますって。

185

悪口

悪口ってね、
言われてる人が
悪いんじゃないの。

言ってる人の口が悪いの。
だから悪口。

186 関わる

相手のことを「好きか嫌いか」ではなく、「関わるべきかどうか」で考える。

そうすると、怒りが減るわよ。

187

余裕

他人に優しくできないときって、アナタの性格が悪くなったわけじゃないの。

疲れて余裕がないのよ。
他人に優しくできるぐらいには、
余裕を持ちたいわね。

188

健康

守るべきものは、まず自分の健康よ。

差し置いてはいけないわ。

189

愛想

「いい人」と「愛想がいい人」とは違うのよ。

特に愛想がいいからって、いい人だと思い込むと大変よ。

Tomy's advice

190 時間

どうせ生まれてから死ぬまでの時間しかないのよ。

肯定とか否定とか比較とか、結論の出ないものについて考えなくたっていいじゃない。

191

平凡

つまらないぐらい
平凡な毎日が、
一番の幸せなの。

人生にゴールはないけれど、
もしゴールが必要なら、
それは「つまらない毎日」よ。

他人にNOを言いにくい人へ。

「それは困りますね」
ってまず言ってみて。
困るか困らないかは事実だから
少しだけ言いやすいの。

192

事実

193

友達

友達が少なくても
いいのよ。

自分に合った友達の数に
落ち着くものだから。
多ければいいわけでもない。

194

疲れ

どうせ疲れるなら、
疲れがいがあることで
疲れたいわよね。

何したって疲れるんですもの。

195

損失

変な人とつながると、
素敵な人とつながる
スペースが
なくなっちゃうのよね。

二重で大きな損失なのよ。

196

仲良し

人と仲良くしなきゃいけない？

そんなことないわよ。
仲良くしたい人と仲良くなればいいわ。

197

減らす

疲れやすいな、
なんとなく体調が悪いな
と思ったら、
まずやることを
減らしてみなさい。

好きなことでもね。
動きすぎが原因の疲れって、
案外多いから。

平凡な毎日を愛せる人は、
信用できる人よ。

198

信用

199

文句

文句言う人って、
ずっと文句を言うからね。

相手にしなくていいわよ。
自分が変えてみたいことだけ変えればいいわ。

200

邪念

どんないい人だって、黒い感情も湧いてくるわよ。

「黒いアタシこんにちは！」
ってぐらいのノリで、
認めつつ放置しておくと
いつの間にかいなくなるわ。
やたらと否定したり、
自分を責めたりすると、
かえって居残るの。

201

ノイズ

自分のやるべきことって、
自分の時間を
大切にすることだけよ。

それしかできないし、
それが最高のことでもある。
ノイズに煩わされないで。

心の傷が治るには時間がかかるわ。

でも、いつか治るし、
それを知るだけでだいぶ違うわ。
出口はある。

202

傷

今しか味わえないこと

時が過ぎると周りも変化していくわ。周りの人間も変わっていくし、同じ人間でも見た目や考え方が変わっていく。環境も変わっていくし、常識や価値観も変わっていく。そのことは、充分に実感できると思うの。

ただし、周りの変化は目につきやすいけど、自分の変化には気づきにくいもの。下手をしたら、自分だけは昔と変わらないくらいの気持ちでいたりする。そう思う原因は、おもに2つあるの。

一つは、自分自身を通して物事を見ているから。もう一つは、自分のことは毎日見ているから。実際には、自分が思うより、自分はダイナミックに変化しているの。それはアナタが感じること、体験できることが、常に移り変わっていることを意味するの。

同じ場所を旅しても、今日行くのか、5年後に行くのか、それとも10年後に行くのかでは、まったく違う体験になるはず。旅に限らず、どんな体験でも同じことよ。

つまり、そのときの経験は、そのときにしか味わえないってこと。

「いつかできるから」「そのうちに」なんて言っていると、今しか味わえないものが両手からこぼれ落ちてしまう。20代には20代の、30代には30代の、40代には40代の世界があるの。

若いときは、漠然と時間は無限にあるように感じている。でも、そんなことはないの。今は今だけしかない。そのことを忘れないでほしい。

その歳にしかできないこと、感じとれないことってあるのよね。

だから、若いのもいい。
歳をとるのもいい。

203

人生

人のために生きたって、
人に人生は
与えられないわ。

自分のために生きなさい。

自分のために生きられる人は、他人のためにも生きられるわ。

でも、自分のために生きられない人が、
他人のために生きようとすると苦しくなる。
まずは、自分から。

204

ため

205

大丈夫

不安は追いかけちゃダメ。

不安になりやすい人は
考えごとがなくなると、

「何か不安なことなかったかなぁ」

と考え始めるの。

このモードになったら
「今は大丈夫、追いかけるのヤメ」

と自分に言い聞かせましょ。

思い出す前が肝心よ。

自分の人生の傍観者になるといいわ。

「ああ、今はこういう時期なんだな」
そう思って過ごせば、
調子に乗りすぎることもなく、
悲観的になりすぎることもなく、
生きていけるから。

206

傍観

207

裏切り

「裏切られた」と
思うのは、
自分が期待していたのと
異なっていたから。

そう、裏切りなんてないの。
もともと、そういうものだったの。
知らなかっただけ。

恥をかいてもいいのよ。

その経験が自分を強くしてくれる。
アナタが尊敬するあの人も、
たくさんの恥をかいてきたからこそ
今がある。

208

恥（はじ）

209

器

器を大きくするって、
想像力を働かせること
だと思うのよ。

人にはいろんな事情があるものだから。

疲れているときは、
何もかも上手く
いかないように
感じられるものよ。

でも大丈夫、
元気になればなんとかなるような
気がしてくるから。

210

感じ

211

選択肢

ストレスは期待をするから生まれるのよね。

期待をすると、
「期待通りにならなかったらどうしよう」
って思うから。
それを防ぐためにはね、いろんな可能性を考えて、
どんな場合でも対応できるようにするのが一番よ。
つまり「選択肢を増やす」の。

「めんどくさい」をもっと大切にしましょ。

やりたくない理由がそこにはあるはず。
「めんどくさい」が何かを
知らせてくれることもあるわ。

2/2

面倒

213

華(はな)

若いうちが華じゃないわ。

生きてる限りはすべて華。
売りのポイントが違うだけ。

214 逃げ

「逃げる」という選択肢は、妥協じゃないわ。

やりきるのと同じぐらい価値のある選択肢よ。自分で決めたのなら、自信を持って逃げなさい。

215

コスト

人間はね、
心のコストを
払って生きてるの。

どうせ払うのなら、
払う価値のある人や物事に払いましょ。
常にそう意識するだけで、
つまらないことで思い悩む時間は減るわ。

216

不安

上手くいくことばかり考えていたら、不安で楽しめないわよ。

上手くいったらラッキー。
上手くいかなくても一歩前進。
それぐらいの気持ちでいいのよ。

217

価値観

アナタが合わせて
行動すべきなのは、
周囲の人間じゃないわよ。

アナタの価値観よ。

218

悔やむ

過去のことを悔やみすぎるのは、もうやめましょ。

結果的に上手くいかなかったとしても、当時はアナタにとって、必要なことだったのかもしれないわよ。

219

全部

目の前にあるものって、
全部やろうと
しなくていいわよ。

全部やろうとするからイライラするのよ。

220 カギ

期待しないことは大切。
相手に期待させないことも大切。

人間関係はたいてい
「期待」がカギを握ってるわ。

221

幸せ

最終的にはね、相手の我慢の上に成り立つ幸せなんてないの。

幸せって相手も自分も笑顔になることよ。

空気を読めない私の人との線引き方法

Q 36歳女性ですが、空気が読めません。相手の話が面白くないのに笑うとか、カワイくないのに「カワイイ」というとか。周りに合わせることは、生きていくうえで不可避だと思いますが、こういうときは合わせる、こういうときは自分に嘘をつかないという線引きがあれば教えてください。

A 空気を読むのが苦手なのは「特性」です。だから、「空気を読む方法」を身につけるのは難しいわ。アナタは「空気を読まなくてもいい方法」を身につけるのが一番いい。「ネガティブな意見はいわない」というのがオススメよ。本音でもネガティブな意見だったらいわない。カワイくないものをカワイイという必要はない。でも、「カワイくない」とはいわないこと。これだけでも、だいぶ違うわよ。

おわりに

本書のタイトルは『30代を悩まず生きる言葉』ですが、普通にしていれば30代を悩まず生きるのは無理なんです。

アテクシ自身をふり返ってみても、20代までは自分のことだけで精一杯でした。やらなければいけないことが次々と目の前に立ちはだかってきて、それをこなすだけで精一杯でしたし、その合間に考えるのは、「自分はこれでいいのか」「自分はどこまでできるのか」なんてことばかり。つまり、〝自分中心〟なんですよね。

しかし、30代になってくると、より他人が人生にちらついてくるようになります。プライベートでいえば、結婚や子育て、だんだん弱ってくる親の存在……仕事でも、自分が成長するだけでなく、後輩や部下を育てる必要が出てくるようにもなります。

近ごろは独立・起業して、より大きな壁に直面する人も珍しくないでしょう。会社を育て、社員を育てるなど、もう自分だけの世界ではなくなります。

自分だけでも精一杯だったところに、他人のことも考える必要が出てくる。あふれそうな悩みの受け皿に、さらに大量の悩みが降り積もってくるわけです。パニックになることもあるかもしれません。しかし、考え方ひとつで、どんな悩みであっても、なんとかなりそうな気持ちに持っていくことは十分可能なのです。

この本が、悩み深き30代の大海原をわたり切る羅針盤になることを願っています。

2023年11月　　精神科医Tomy